함께 걸어온 그대들이 꽃이오

조순태

2012년 《문학과현실》 등단
동국대 대학원 졸업(북한학 박사 수료)
현) 서울가정법원 가사조정위원, 국제여성총연맹 한국본회 회장,
한국여성단체협의회 감사, 민주평화통일자문회의 자문위원(5기~21기)
전) 한국여성단체협의회 부회장, 서울가정법원 조정위원협의회 회장,
한국양성평등교육진흥원 초빙교수
cstlyj@hanmail.net

함께 걸어온 그대들이 꽃이오

—

초판 1쇄 2025년 9월 26일
지은이 조순태
펴낸이 김영재
펴낸곳 책만드는집

—

주소 서울 마포구 양화로3길 99, 4층 (04022)
전화 3142-1585·6
팩스 336-8908
전자우편 chaekjip@naver.com
출판등록 1994년 1월 13일 제10-927호
ⓒ 조순태, 2025

—

* 이 책의 판권은 저작권자와 책만드는집에 있습니다.
  이 책 내용의 전부 또는 일부를 재사용하려면 양측의 동의를 받아야 합니다.

—

ISBN 978-89-7944-906-8 (04810)
ISBN 978-89-7944-354-7 (세트)

책 만 드 는 집
시인선 267

함께 걸어온
그대들이 꽃이오

조순태 시집

책만드는집

| 시인의 말 |

가슴 깊이 묻어두었던
문학의 꿈,
망설임 속에서
너무 많은 시간을 흘려보냈습니다

부족한 글을
세상 밖으로 내놓는다는 것이
두렵고 부끄럽기만 했습니다

그러나 이제
작은 용기를 내어
첫 시집을 세상에 내어놓습니다
비록 늦은 시작이었지만
남은 시간
조용히 시의 길을 걷고 싶습니다

2025년 9월
조순태

| 차례 |

5 • 시인의말

1부 　한때의 나

12 • 조용한 꽃길
13 • 조금 느슨하게 살아도
14 • 한때의 나
17 • 들꽃 향기
18 • 오늘, 다시 옷깃을 여미며
20 • 꿈
22 • 세상이 눈물겨운 이 가을에
24 • 겨울나무
26 • 사랑
28 • 나도 꽃이 되고 싶다
30 • 그날
32 • 웰다잉을 꿈꾸며
34 • 살다 보면
36 • 인연
38 • 연민

2부   꽃 선물

42 • 사람이 그리운 날
43 • 용유도 꽃봉오리
44 • 꽃 선물
46 • 고운 꽃 한 송이
48 • 눈 오는 날
50 • 기도
51 • 디딤돌
52 • 용서
54 • 행복한 동행
55 • 그리움
56 • 정리하다
59 • 사랑과 미움
60 • 향기로운 인연
62 • 을사년, 새해의 기도
64 • 들꽃처럼 살아왔다

3부 그리움은 바람이 되어

66 • 그리움은 바람이 되어

67 • 그리움

68 • 그리움, 하늘이 되는 날

70 • 능소화

71 • 어머니!

72 • 변산 바닷가에서

74 • 어머니, 그 기억의 창을 열며

76 • 봄날의 추억

78 • 풀꽃

80 • 어머니의 미소

82 • 그 꽃

83 • 들국화

84 • 국화꽃 피는 날

4부   함께 걸어온 그대

- 86 • 운전면허증 갱신하던 날
- 89 • 따뜻한 책
- 90 • 함께 걸어온 그대
- 92 • 나트랑에서
- 94 • 하버파크의 새벽
- 96 • 버팀목
- 98 • 폭염 속의 입추
- 99 • 배웅
- 100 • 외손녀 연수에게
- 102 • 나의 어머니
- 104 • 외할머니의 팥죽
- 106 • 박하사탕
- 108 • 나눔 DNA

5부 꿈 그리고 평화

- 112 • 무늬만 부부
- 116 • 어떤 아버지
- 121 • 황혼 이혼
- 124 • 조정 성립
- 128 • 새벽은 온다
- 130 • 따뜻한 성탄절
- 132 • 꿈 그리고 평화
- 134 • 속초시립박물관에서
- 136 • 평화통일을 위한 기도
- 139 • 그날을 위하여
- 142 • 강화풍물시장
- 144 • 강화 볼음도
- 146 • 양수리 강변에 서면

- 147 • 해설 _ 허형만

1부

한때의 나

조용한 꽃길

세월의 강을 건너며
품위 있게 익어간다

미움은 바람에 날려 보내고
관대함으로 허물을 덮으며
마음 깊이 용서를 심는다

하루하루 욕망을 비우고
덜어낼 것은 덜어내며
허허롭게 웃는 법을 배운다

행복은 먼 곳에 있는 것이 아니라
순간마다 스미는 햇살을
따뜻하게 끌어안는 것이다

그 길 위에서
시간이 피워낸 꽃 한 송이
조용히 지친 그대 손에 건넨다

조금 느슨하게 살아도

살아보니
아무것도 아닌 일 많더라
너무 애달프게 살지 마라

뜻대로 안 되는 날도
그저 견디면 지나간다

빈손으로 떠나는 인생
화를 내서 얻을 것 없고
탐욕은 씻어내는 게 좋다

따뜻한 말 한마디로
온기를 나누며
별처럼 살아가자

한때의 나

한때는 세상이 내 것인 양
구름 위를 걷는 듯
교만과 건방을 품고 살았다

한때는 불가능이란 없다는 듯
바람을 거스르며
자신만만하게 날아다녔고

한때는 두려움 없는 새처럼
세상 위를 훨훨 날았으며

한때는 불의를 참지 못해
거친 파도에 몸을 던지듯
정면 승부를 마다하지 않았다

한때는 내가 세상에서
가장 빛나는 별이라 믿으며

착각 속에 머물렀다

하지만
모든 것이 거울 속 그림자였음을
이제야 본다

세상에 나보다 못난 사람은 없고
모두가 나를 비추는 스승임을
겸손 속에서 배운다

무례와 냉정 속에서도
차분히 숨을 고르고
묵묵히 견디며
인내의 꽃을 피우는 것이
삶이 주는 가장 큰 깨달음임을

한때의 교만이 부끄럽게 스러질 때

겸손 속에서
빛나는 삶의 결을 배우며
조용히, 나를 완성해 간다

들꽃 향기

산과 들에 홀로 핀
야생화의 숨결

애잔한 들꽃 향기가
내 마음을 여민다

나도
너처럼
흙을 품고 하늘을 바라보며
가장 낮은 곳에서
가장 깊은 향기를 남기고 싶다

오늘, 다시 옷깃을 여미며

예술의전당 소극장
박정자 선생님의 일인극
객석에 앉아 숨을 죽인다

한마디, 한마디
그 대사에 심장이 멎을 듯
전율이 흐르고

우아한 걸음걸음
카리스마 넘치는 눈빛
가슴 깊이 스며드는 목소리

그녀의 노래는 어느 가수보다도
더 진한 감동이 되어
객석을 적신다

어떻게 저 나이에

그토록 반듯한 몸짓으로
그 많은 대사를
자연스럽게 풀어낼 수 있을까

대한민국 대표 연극인의
불꽃같은 열정
흔들리지 않는 프로 정신에
우리는 기립박수를 보냈다

나는 오늘
노래처럼 말해줘
그 무대를 바라보며
내 삶의 옷깃을 다시 여민다

더 뜨겁게, 더 단단하게
도전하며 살아야겠다고

꿈

마음을 비웠다지만
어젯밤 문득 잠이 깨어
지난날의 꿈들이
미련과 아쉬움으로 스치며
밤을 하얗게 지새웠다

어린 시절
나는 판사가 되거나
인권 변호사가 되길 꿈꿨고

불혹의 나이엔
정권 교체를 이루고
사회적 약자를 위해
입법할 수 있는 국회의원을
꿈꾸었다

하지만 이루지 못한 꿈들은

회한으로 남아
가슴 한켠을 저미고
지금 이 나이에 돌아보니
모두가 부질없는 욕망이었음을
이제야 깨닫는다

남은 내 인생은
후회 없이 살고 싶다
세상을 떠날 때
나는 시인으로 기억되길

사람들의 마음을 치유하고
보듬어줄 수 있는
가슴 따뜻한 한 편의 시를
이 땅에 남기고 싶다

세상이 눈물겨운 이 가을에

어느새 깊어진 가을
곱게 물들어 무르익어 가는 계절이다
수확의 기쁨으로 가득한 들판에 서서
하늘을 보라
얼마나 아름답고 신비로운가

하늘이 높푸른 이 가을에
나는 어떤 결실을 맺고 있는지
나는 올해도 열심히 살아가고 있는지
나 자신에게 묻는다

세상 속에서 정의롭고 정직하게
아름다운 삶을 살았는지
누군가에게 단 한 번이라도
희망이 되어주었는지
뜨겁게 사랑하고 나누었는지
하늘에게 묻는다

아, 세상이 눈물겨운 이 가을에
나는 나의 영혼의 불꽃이
저 단풍처럼 곱게 타오르길 기도한다

겨울나무

겨울나무가
춥고 긴 겨울을 견디는 것은
끈질긴 생명을 지키기 위함이다

엄동설한
한파를 이겨내는 것이
어찌 겨울나무뿐이겠는가

산다는 것은
비바람과 천둥
눈보라와 번개 속에서도
내 안의 온기로
흔들리지 않고 버티는 일

겨울나무처럼
우리는 서로
따뜻한 온기로 보듬고 의지하며

희망의 불씨를 나누어야 한다

혹독한 계절 속에서도
다시 봄을 맞이할 수 있도록
우리 서로 의지하고 보듬는
버팀목이 되자

사랑

아프거나 다친 몸은
의사가 치료하지만

삶이 버겁고 힘겨운 날엔
하느님의 손길이
마음을 어루만져 준다

그러나 사람에게 받은 상처는
오직 사람으로부터만
치유받을 수 있다

그 상처를 덮고 아물게 하는 건
다름 아닌 사랑
사람과 사람 사이에 흐르는
따뜻한 마음뿐이다

사랑은 보이지 않아도

그 힘은 상처를 감싸고
아픈 영혼을 치유한다

오늘도 우리는
서로의 상처를 보듬으며
사랑으로 다시 살아가는
기적을 만들어간다

나도 꽃이 되고 싶다

봄이면
진달래와 개나리보다
화사하게 피어나는
하늘꽃이 되고 싶다

여름이면
불꽃같은 장미보다
해풍을 견디며 피어나는
구름꽃이 되고 싶다

가을이면
코스모스와 국화보다
고요히 흐르는 바람 속에
흔들리면서도 쓰러지지 않는
바람꽃이 되고 싶다

겨울이면

붉게 피어나는 동백보다
온갖 풍파를 이겨내며
바위틈에 뿌리 내린
바위꽃이 되고 싶다

계절이 바뀔 때마다
소리 없이 피고 지는 꽃처럼
나도 그렇게
한 계절 한 계절
꽃이 되고 싶다

그날

우리는 세상의 모든 것이
영원할 것처럼
탐욕에 눈이 멀어 살아가지만

그날이 오면
모든 것을 내려놓고
아무것도 가지지 않은 채
떠나야 한다

이 세상을 떠나는 날
내 주변 사람들이
눈물로 나를 기억할 수 있기를
그런 삶을 살기를

서로를 위로하며
우산처럼 기대어줄 수 있는
사람다운 삶을 살아가자

우리가 남긴 작은 흔적이
누군가의 마음속에
따뜻한 빛으로
남을 수 있기를

웰다잉을 꿈꾸며

이제 그만들 하시지요!

세상이 다 그렇다고
사람이 영원히 살 것처럼
탐욕에 눈이 멀어 사시나요

돈, 명예, 권력이 끊임없이 부르기에
척하는 것처럼 보이기 싫어
욕심을 채우는 것이
무슨 잘못이냐고
용 한번 크게 써보시나요

내 인생
지난 세월 한낮의 달빛으로
많은 시간을 허비했기에
나도 예외일 수는 없지요

이제
나만의 진실함에 색칠을 하며
디오게네스의 햇빛에 충실하고 싶다

행복하게 세상을 조롱하다
나도 모르는 임종의 시간이 되면
세상에 감긴 모든 실타래를 풀어버리고
가족이 새롭게 짜놓은 그 품에 안겨
영혼이 아름다웠던 행복한 인연에
감사했노라 노래할 수 있는
이별을 준비하는 그런 꿈을 꾸고 싶다

살다 보면

살다 보면
생각지 못한 곳에서 넘어지고
고통의 파도에 휩쓸릴 때가 있다

순간의 오판으로
모아온 재물을 잃고
좋지 않은 사람과 동행하며
사랑하는 사람과
뜻하지 않은 이별을 맞이하기도 한다

억울한 서러움에
눈물이 차오르지만
속울음 삼키며
묵묵히 견뎌야 할 때도 있다

그렇게 살다가 보면
생각지 못한 기쁨이

문득 찾아올 때도 있다

기쁠 때는 맘껏 누리고
현재의 삶에 충실하며
흘러가는 순간 속에서
행복을 찾아야 한다

산다는 것은
슬픔과 고통을 견디고 이겨내며
환희의 날을 기다리는 여정

그 모든 순간이
하나의 선물처럼
우리의 삶을 물들이고
살다가 보면
그 선물은 어느새
우리 안에 깊이 다가온다

인연

사람 사이의 인연은 참 소중하다
한 사람을 잘 만나면
인생이 바뀌고
한 사람을 잘못 만나면
인생이 휘청인다

하지만 모든 인연이
같은 무게를 지닌 것은 아니다
스쳐 지나가는 사람들 속에서
특별한 인연을 만들기 위해서는
서로의 노력이 필요하다

중요한 것은 지금
바로 여기에 있는 사람들
가깝게 머무는 이웃과
함께하는 시간이
무엇보다 소중하다

좋은 사람과 함께라면
삶은 더 따스해지고
서로의 온기가
행복의 빛으로 번져간다

인연은 선택과 노력으로 빚어지고
서로 가까이 머물 때
진정한 가치를 깨닫게 된다

우리 곁의 사람들과 함께
오늘도 마음을 나누며
소중한 인연을
더 깊게 물들여 가자

연민

사람의 마음 안에는
기쁨과 슬픔이 꽃처럼 피고
미움과 증오는
뿌리 깊은 어둠처럼 자리한다

상처와 분노는
바람에 흔들리는 가지처럼 흔들리고
절망과 희망은
빛과 그림자처럼 함께 춤춘다

인생이란 여행길
서로를 감싸안는 연민의 옷자락과
사랑의 손길로
긴 여정을 준비한다면

죽음이라는 이별 앞에서도
우리의 길은

따뜻한 빛으로 물들지 않을까

연민과 사랑이 머문 자리마다
세상은 조금씩 더
따스해질 것이다

2부

꽃 선물

사람이 그리운 날

문득 사람이 그립다
사람다운 사람이 그리운 것이다

세상을 다 가진 것처럼
분간을 모르고 설치는 사람

그런 사람 같지 않은 사람은 더 이상
상대하거나 탓하지 않기로 했다

나 자신의 소중한 삶을
허비해서는 안 될 테니까

용유도 꽃봉오리

용유도 해변
노을이 파도 위에 드리우고
바람은 모래를 감싼다
저 멀리 갈매기 날갯짓이
한 폭의 그림처럼 다가온다

나이를 먹으며
철이 드는 것은
삶의 바다 속에서
꽃봉오리가
조용히 열리기 때문

파도처럼 흘러도
바래지 않는
기억의 향기를 품으며
지금 이 순간을 한없이 사랑한다

꽃 선물

가끔은
내가 나에게 꽃을 선물한다

위로가 필요한 날
사무치는 그리움에
눈물이 고일 때
엄마가 부르던
옛 노래를 흥얼이고 싶을 때

지친 마음을 안아주듯
꽃잎을 쓰다듬으며
토닥토닥
엄마의 손길을 떠올린다

오늘도
감사한 하루였다고
나 자신에게 속삭이며

다시 힘을 내어
비상을 꿈꾼다

고운 꽃 한 송이

세상을 살다 보면
본의 아니게 오해를 받고
상처를 입을 때가 있다

그럴 땐 나도
누군가에게 기대어
위로받고 싶어진다

이런 날엔
글을 쓰거나
혼자 음악을 듣고
길 위를 달린다

내가 가고 싶은 곳
내가 머물고 싶은 곳에서
자연을 바라보며
조용히 나를 치유한다

세상은 물처럼
순리대로 흘러야 하는 거야
나도 저 들꽃처럼
아무도 알아주지 않더라도
피어야 하는 거야

세상에 태어났으니
내 꽃을 피우고 떠나야 해
고운 꽃 한 송이
그렇게 바람에 스며든다

눈 오는 날

눈이 내린다
세상은 하얀 솜처럼 덮이고
나는 눈보다 더 맑은 마음으로
세상을 바라본다

모든 상처, 모든 흔적
어지러운 기억들까지
눈 속에 묻어버리고
새하얀 첫눈처럼
다시 태어나고 싶다

가슴속 깊이 쌓여 있던
무거운 것들이 녹아내리듯
눈처럼 맑고 투명하게
내 마음도 깨끗해지기를

오늘, 이 하얀 세상 속에서

나는 처음처럼
가장 맑은 마음으로 살아가리라

기도

하느님
하찮은 나에게 많은 것을 허락해 주신 주님
날마다 잠에서 눈을 뜨는 순간
오늘을 선물 주신 주님께 감사하며
하루의 삶을 마치고 잠을 청하는 순간에도
감사 기도를 드립니다
참으로 공평하고 좋으신 하느님
당신의 작은 도구가 되어
세상의 지치고 힘든 이웃의 진정한 벗이 되고 싶습니다

내 이웃이 억울하거나 큰 슬픔에 잠겨 있을 때
허물없이 찾아와 가슴을 열고 함께할 수 있는
하느님의 자녀가 되고 싶습니다

내담자의 가슴에 천사의 빛을 주시고
시詩처럼 인생을 상담하며
억울함을 따스한 가슴으로 안아주는
그분의 뜻으로 살고 싶습니다

디딤돌

봄꽃처럼 피어나
희망의 길을 놓는다면
나는 돌멩이라도 좋으리

발끝에서 돋는 빛
스치는 바람 속에
흔적을 남기는 기쁨

가장 낮은 곳에서
가장 깊은 울림으로
나는 오늘도 길이 된다

용서

내게 잊을 수 없는 사랑과
행복을 준 이도 있었고
때로는 깊은 상처를 남긴
미운 사람도 있었다

받은 사랑은
내 영혼에 새겨져
고맙고 감사한 마음으로
은혜를 잊지 않겠노라 다짐하고

상처로 멍든 말들은
이제 가슴 한켠에 묻어두리라

살아 있는 날까지
삶의 감개무량함을 느끼며
기쁨 속에 머물기를

나를 아프게 한 이들도
나를 빛나게 한 이들도
결국은 모두
내 삶의 일부였음을 깨닫는다

오늘도 용서와 감사 속에서
내 마음의 평화를 찾아간다

행복한 동행

나를 만나 그대가 행복해질 수 있다면
참 좋겠습니다

내가 있어 그대에게 위로가 되고
기쁨이 된다면
참 좋겠습니다

상담자와 내담자가 아니어도
가슴 켜켜이 쌓아둔 아픈 사연을
실타래 풀듯이 풀어가며 함께 울고
함께 웃어주는

그런 사람이고 싶습니다

그리움

그립다
연말이 되니
더욱 그립다

옛 추억이
그립고
추억 속의
사람들이 그립다

더욱 그립고
그리운 것은
옛사랑의 희미한 그림자
그 사람의 목소리다

정리하다

비우고 또 비워도
여전히 꽉 찬 옷장과 책장
임명장과 위촉장
공로패와 감사패
수많은 기록들이
내 삶의 자취를 이야기한다

사진으로 남기며 정리하는 며칠
구석구석 쌓인 살림 사이로
지난날의 흔적들이
조용히 말을 건넨다

가족사진 속 웃음들
스냅사진 속의 나
그리고 엄마의 체취가 묻은
묵주와 성경책
그 손때 묻은 유품들

최소한으로 줄여보려 하지만
쉽사리 내키지 않는 마음
결국 고심 끝에 문득 든 생각

나는 스스로를 정리하며
가볍게 떠날 준비를 해야 한다고
하루하루를 마지막 날처럼
살아야겠다고

삶과 죽음의 경계를 넘어
더 고귀하고 아름다운 삶을
남기겠다고 다짐한다

내 마지막 날
가족의 품 안에서 눈을 감고
아껴두었던 한복을 수의 삼아 입고

머리엔 하얀 장미꽃 화관을 얹어
한평생 감사했고
고마웠다고 인사하며
이승을 떠나고 싶다

사랑과 미움

사랑할 때는
이 세상의 모든 것과
자신을 다 내어주어도
모자라 애태우며 안타까워하면서도

미움이 생기면
수많은 아름다운 추억과 연민도
한순간에 다 무너져
모든 것들이 내게서 멀리 떠나버린다

사랑도 미움도
삶의 한 부분이라지만
아, 이리도 메울 수 없는
사랑과 미움의 아득함이여

향기로운 인연

나에게
꽃이 되어준 사람
따스한 손길로
내 마음에 스며든 사람

그 향기에 기대어
오늘을 살아간다

이제 나도
누군가의 꽃이 되어
가만히 스며드는
바람이고 싶다

한 번의 인연이
한생의 향기로 남아
그리움으로 피어나길

나는 오늘도
꽃 한 송이 피워 올린다

을사년, 새해의 기도

지난날들
따뜻한 사랑의 말들과
행복했던 순간들만
기억하게 하소서
내게 상처를 준 이들도
용서할 수 있는 마음을 주소서

오직 꿈과 용기를 품고
가슴 벅찬 희망으로
새해의 문을 열게 하소서

더욱 지혜롭고 온유한 성품으로
내가 가진 것을 나누고 베풀며
감사로 하루를 채우게 하소서

남은 내 생애
새로운 빛을 주시어

새해에는 더욱 건강하고
가장 눈부신 날들을
살아가게 하소서

오직 사랑으로 남아
사회적 약자와 동행하며
천사의 빛을 비추는 삶을
허락하여 주소서

이 한 해가
사랑과 희망으로 가득한
축복의 길이 되게 하소서

들꽃처럼 살아왔다

꿈이 꺾이던 그 봄
아픔은 깊었지만
세상은 그대로 흘러갔다

이제 와 돌아보면
미련도 후회도 없다
흔들리는 가지를 보며
오히려 단단해졌다

상처받은 영혼을
스스로 보듬으며
토닥여 주고 위로하며
한 걸음씩 걸어왔다

들꽃처럼
어떤 바람에도 쓰러지지 않고
나는 나대로 잘 살아왔다고!

3부
그리움은 바람이 되어

그리움은 바람이 되어

생각이 많아서일까
오늘따라 창가에 기대어
흐르는 바람을 바라본다

유난히 스며드는 바람
귓가에 머물다 사라지는 목소리
눈물처럼 맺히는 기억들

어머니,
당신이 남긴 따뜻한 손길은
내 가슴속에서
한 송이 꽃으로 피어난다

바람이 불면
그 꽃잎이 흔들리고
나는 다시금
당신을 그리워한다

그리움

바람인가 했더니
어머니의 목소리였다

눈물인가 했더니
어머니의 숨결이었다

그리움, 하늘이 되는 날

오늘도
유난히 그리운 날입니다

2003년 7월 15일
어머니는 이 세상을 떠나
하늘이 되셨지요

시간이 흘러도
명치끝이 시리도록
그립습니다

어머니!

내 생애 단 한 번이라도
단 한 순간이라도
다시 만날 수만 있다면

나는 맑은 하늘을 향해

훨훨 날아

어머니 품속에 안기고 싶습니다

능소화

능소화는
뜨거운 여름
주황색 슬픔으로
내게 피어난다

어머니가 임종하던 날
병원 담벼락에
흐드러지게 피어 있던
능소화도 함께 울었다

어머니의 일생이
애처로워서 그렇게 울었나 보다
아! 그리운 나의 어머니여
능소화는 올해도 피고 지는데

어머니!

내 생애 단 한 번이라도
오직 단 한 번만이라도
내 어머니를
만나볼 수만 있다면
파아란 하늘을 두 손 잡고
훨훨
날아보고 싶다

변산 바닷가에서

변산반도 서쪽 바다
황혼이 물드는 저녁
노을을 바라보며
나도 모르게 눈물이 흐른다

산과 들은 단풍으로 곱게 물들고
소슬바람 속에
으악새가 슬피 우는 가을
그 소리에 실려 오는
어머니의 애처로운 한 생애

가슴속 깊이 박힌 응어리는
대못처럼 남아
내 마음을 아프게 하지만
오늘, 변산의 바닷바람에
그 무거운 기억을 날려 보낸다

속울음을 삼키며
내 마음을 어루만지고
더 값지고 의미 있는
삶의 희망을 위해
단단히 옷깃을 여민다

노을빛이 사라질 때
내 안에 새겨진 엄마의 사랑은
더 밝고 따뜻한 빛으로
다시 떠오른다

어머니, 그 기억의 창을 열며

멀리 강을 내다보는
내 방 창문을 여니
유월의 푸름이
당신 생전에 애창곡이던
애수의 소야곡으로 물들고 있습니다

6.25전쟁으로 남편을 잃고
당신이 원치 않던 방향으로
한평생 살았을 두렵고 외롭던 삶을 생각하니
가슴 저림이 강물 위
태양마저 식혀버립니다

지금쯤 천상에서 다시 만나
세상에서 못다 한
맑고 눈부신 사랑의 꽃밭을
가꾸고 계시겠지요

어머니!

가끔은 그 모습 속으로
나의 마음이 머뭇머뭇 걸어가
다시 태어나도
당신의 딸이기를 기도합니다
찔레꽃 피는 붉은 유월보다
더 먼 그날까지라도

봄날의 추억

따뜻한 봄날
동무들과 노래 부르며
고무줄놀이하는 중에
어느새 장난꾸러기 남학생들이
달려와 고무줄을 싹둑 자르고
깊숙이 숨어 깔깔대던 날 있었지

속상한 마음에 토라져도
금세 다시 모여 웃고 떠들던
그 시절의 해맑음이
봄바람 속에 나풀거렸지

그때 그 동무들
이름도 얼굴도
선명하게 떠오르는데
지금쯤 어디서
어떤 모습으로

세월을 지고 있을까

살구꽃, 복사꽃 같던 어린 시절
내 마음을 비추는 그리움이
봄이면
아지랑이처럼 스멀스멀 피어오르지

풀꽃

나는
들에 핀 풀꽃를 사랑합니다

바람에 흔들리면서도
조용히 빛나는 그 꽃
소리 없이 피어나
가엾게 지는 애잔한 꽃을 사랑합니다

고운 빛깔, 은은한 향기 속에
한 줌의 햇살을 품고
먼 길 떠나는 계절을 배웅하는
그 꽃을 사랑합니다

들꽃처럼 살아온
우리 어머니의 삶을 사랑합니다
한없이 낮아지고도
누군가를 품어 안던 그 마음

때론 바람 같고
때론 빗물 같던 따스한 손길을 사랑합니다

가을이 오면
다시 피어날 들국화처럼
어머니의 사랑은
언제나 내 가슴속에 피어납니다

어머니의 미소

이 가을
내 마음 깊숙이 피어나는
우리 집 베란다의 국화꽃

햇살을 머금은 고운 빛깔
은은히 퍼지는 향기 속에
어머니의 온기가 스며 있다

생전 그토록 사랑하시던 꽃
바람에 흔들릴 때마다
어머니의 미소가 떠오른다

그 꽃을 바라보면
마음이 차분히 내려앉고
쉼처럼 다가오는 위로가 된다

가을이 오면

다시 피어날 그리움처럼
어머니는 언제나 내 곁에 있다

그 꽃

맨드라미 붉은 꽃과
돌단풍을 보니
어머니를 만난 듯 반가웠다

꽃을 유난히 좋아하시던 엄마
생의 끝자락까지도
가꾸고 키우셨던 그 꽃들

우리 아파트 베란다에는
사계절 내내
꽃향기가 가득했고
그 향기는 언제나
우리 마음을 따뜻하게 감싸주었다

지금도 꽃을 볼 때면
엄마의 손길이 스치고
그 꽃 속에 담긴
엄마의 삶이 피어난다

들국화

바람에 흔들려도
고운 빛을 잃지 않는 꽃
햇살 한 줌 품고 피어난다

낮은 곳에 피어
아무 말 없이 위로가 되는 꽃
가장 조용한 향기로 스민다

들국화처럼 살아온
어머니의 삶
가을이 오면 다시 피어난다

국화꽃 피는 날

가을이 오면
베란다 한켠에 작은 꽃이 피어난다
어머니가 사랑하던 그 꽃
고운 빛으로 나를 안아준다

한 송이 꽃잎마다
그리움이 스며 있고
은은한 향기 속엔
어머니의 숨결이 머문다

들꽃처럼 강인했던 어머니
바람에도 쓰러지지 않던 당신
그 사랑을 닮고 싶어
나는 오늘도 국화꽃을 품는다

4부
함께 걸어온 그대

운전면허증 갱신하던 날

1978년
생애 첫 승용차 포니1을 운전하기 위해
취득했던 운전면허증

그 작은 카드 한 장이
내 삶에 기쁨과 행복을
얼마나 많이 가져다주었던가

열한 번의 새로운 길을 열었던 새 자동차
매번 핸들 위에 얹은 설렘이
바람과 하나가 되어 달렸다

젊은 날
세상을 향해 질주하던 날들
비포장도로 위에서 느끼던 낭만
남한강과 북한강
양수리와 서종을 누비던

나만의 드라이브 코스

여름이면
아이들과 엄마를 모시고
동해바다로 떠났던 휴가
맑은 바람과 바다 내음 속에서
함께한 그 시절이 문득 그리워진다

남편과 교대 없이 운전하며
지칠 줄 모르던 청춘의 열정도
이젠 속도를 낮추고
조심스레 브레이크를 밟으며
안전을 다짐하는 나이가 되었다

조심 또 조심하며
스스로를 위로한다
"안전 운전이 최고야"

하지만 가끔은 묻는다
앞으로 얼마나 더
이 길을 달릴 수 있을까?

힘이 닿는 날까지
1종 면허증을 손에 쥐고
달리고 싶다
남쪽 끝에서 북으로
판문점을 넘어 평양을 지나
러시아의 광활한 대지를 거쳐
유라시아까지 이어지는
그 길 위에서
또 다른 추억을 새기고 싶다

따뜻한 책

뜻밖의 선물처럼
남편이 건넨 책 한 권
감동에 젖어
밤새도록 읽었다

삶에서 중요한 것은
얼마나 오래 머물렀는가가 아니라
얼마나 깊이 살아냈는가

마지막 날
진정한 삶을 살지 못했다고
후회한들 무슨 의미가 있을까

지금, 이 순간을
가장 따뜻하게
가장 아름답게
사랑이 머무는 곳에서
건네받은 따뜻한 책 한 권

함께 걸어온 그대

달라도 너무 다른 우리
숨이 막혀 못 살겠다며
벗어나고 싶었던 나를
말없이 참고 기다려준 사람

두 아이의 엄마가 되어
스스로 체념하고
모든 것을 참고 견디며
살아야겠다고 다짐하던 그날들

때로는 웃음꽃이 피어 행복했고
때로는 삶이 버겁고
눈물겨웠던 날도 있었지만
우리는 용케도 이 자리에
함께 서 있구나

지지고 볶으며 버틴 세월
반세기라는 긴 강을 건너며

서로를 연민의 눈빛으로 바라본다

고맙다, 정말 감사하다고
말을 건네며 눈시울이 뜨거워진다

빈 둥지에 남은 우리 둘
마지막 배웅을 함께할 사람
살아 있는 그날까지
서로에게 힘이 되고
따스한 위로가 되자고
말없이 손을 맞잡는다

우리의 남은 날은
얼마나 길지 몰라도
남은 시간 속에서
서로를 더 사랑하며
끝까지 함께 걸어가자

나트랑에서

오월은 가정의 달
딸과 아들이 선사한 깜짝 선물
온 가족이 함께 떠난
베트남의 나트랑

비췻빛 바다가 펼쳐진
33층 호텔의 창가
환상적인 풍경 속에서
풀서비스의 호사를 누리며
우리는 웃음으로 추억을 쌓는다

가족과 함께한 이 시간
힐링과 재충전의 소중한 순간에
감사를 전한다
이곳에서 우리는
마음 깊이 새겨지는
평화로운 행복을 느낀다

그러나 문득 떠오르는
여고 시절의 기억
월남 파병 군인들에게 보냈던
위문편지의 날들
전쟁의 상처를 딛고
다시 일어선 이 땅을 보며
베트남의 성장을
진심으로 응원하고 싶다

평화의 바다 위로 스며드는
우리의 희망이
이곳에서 살아가는 사람들에게도
따뜻한 빛이 되길
과거의 아픔을 함께 나누며
서로를 격려하는 이 마음이
미래를 향한 다리가 되길

하버파크의 새벽

오늘 새벽
호텔 창 너머로 보이는 풍경
잔잔한 바다와 바람
그 속에 스며든 고요함
이내 마음을 어루만진다

힐링은
내가 좋아하는 곳에서 시작된다
맛있는 음식을 먹고
아무것도 하지 않는 쉼

주말의 소소한 여행
가족과 함께하는 시간 속에
행복은 천천히 채워지고
마음은 봄처럼 따뜻해진다

하버파크 호텔에서 맞이한 새봄

그 순간은 평범하지만
그 평범함 속에
진정한 행복이 피어난다

버팀목

내게는 버팀목이 되어준
가족과 귀한 인연들이 있다

묵묵히 곁을 지켜준 배우자와 가족
등을 떠밀어 주며
힘이 되어준 인연들 덕분에
지금까지 살아올 수 있었다
오직 감사할 뿐이다

때로는 힘겨운 날도 있었지만
행복하고 보람 있는 순간들이
더 많았다
한 생을 살아가며
이만큼 누렸으면 충분하다고
스스로를 다독인다

이제는 나도

내 소중한 가족과 이웃들에게
버팀목이 되고 싶다

세상을 품고
아낌없이 주는 나무처럼
든든히 서 있는 산처럼
그들 곁에 조용히 머물며
힘이 되어주고 싶다

삶이 끝날 때까지
내가 사랑하는 이들에게
의지할 수 있는
버팀목 같은 존재로 남고 싶다

폭염 속의 입추

장마와 불볕 찜통더위
여전히 한창인데
가을의 시작이라고 찾아온 입추立秋

기후변화로 숨 막힐 듯 뜨거운 열대야 속
이 여름의 틈을 어느새 비집고 들어왔는지
여름의 끝은 아직 저만치 있어도
풍성한 가을은 분명 오고 있다

가을 또한 첫발을 내디뎠으니
시절은 이렇게 오고 가듯 우리의 인생도
피고 지고 오고 가는 거 아니겠는가

문득 하늘을 올려다본 남편이 내게
입추가 지나더니 확실히 하늘이 높아진 것 같다니
우리의 마음속엔 벌써 국화꽃
코스모스가 먼저 피어나는 가을 마중

배웅

한평생
많은 것을 가졌고
누렸으니
그저 감사할 뿐이다

이 길의 끝에서
나를 배웅해 줄
배우자와 가족들
딸과 아들
손자 손녀가 있어
든든하고 고마울 뿐이다

떠나는 날
아쉬움보다
사랑과 감사만 남길 수 있기를
그들의 기억 속에서
따뜻한 미소로 머물기를

외손녀 연수에게

네가 세상에 태어나던 날
강남차병원에서 처음 만난
3.4킬로그램의 작은 생명

유난히 또렷하고 반짝이던 눈빛
그 맑은 빛이
지금도 내 가슴을 설레게 한단다
내 손녀로 태어나 줘서
참 고맙구나

어느덧 여고생이 된 너
참으로 뿌듯하고 대견하다

앞으로의 삼 년
때로는 힘들고 지칠지라도
잘 이겨내고 꿋꿋이 나아가길
흘린 땀방울이 너의 꿈을 키우고

그 노력이 언젠가
아름다운 꽃으로 피어나길

친구들과 따뜻한 우정을 나누고
무엇보다 곱고 바른 마음이
너를 더욱 아름답게 빛나게 하길

어디서든 사랑받고
누군가에게 위로가 되는 사람으로
자라나길 응원한다

오늘보다 더 빛나는 내일을 향해
당당하고 멋진 여고생이 되거라
사랑한다, 내 소중한 손녀야

나의 어머니

지상의 모든 고통과
외로움과 슬픔을 견디며
한평생을 살아내신 엄마
당신에게서 나는
강인함과 자립심을 배웠습니다

어려운 환경 속에서도
늘 나누고 베풀며
당당하고 올곧게 사셨던 당신

오직 희생하며
나를 보물처럼 키우셨던 엄마를 생각하면
가슴이 아려와 애잔하기만 합니다
당신은 제 삶의 가장 큰 존경이자
끝없는 사랑입니다

생의 마지막 이십 년

천주교 독실한 신자로
레지오 활동과 매일 미사로
하느님과 동행하셨던 당신

폐암 진단을 받던 날
"하느님께서 우리 가족 중에
나에게 병을 주셨으니 얼마나 다행이냐"
말씀하시던 엄마를 껴안고
목 놓아 울던 그날을 잊지 못합니다

삼 년의 투병 끝에
하느님의 품에 안기신 당신
민들레처럼 강인하고 질긴 삶을 사시며
평소 말씀처럼 용인 천주교 공원묘지에
안식하셨지만
당신은 여전히 제 곁에 계십니다

외할머니의 팥죽

불현듯 외할머니 생각에
팥죽이 먹고 싶어졌다

동짓날 펄펄 끓인 새알팥죽
손녀가 좋아한다며
때때로 팥죽이나 팥칼국수를
정성껏 해주셨던 할머니
그 사랑이 그리웠던가 보다

단정한 쪽머리에 비녀를 꽂고
깔끔한 한복 차림으로
정갈하셨던 그 모습

속바지 주머니에서 꺼내주시던
십 환, 백 환짜리 지폐의 용돈
그 돈으로 수성동 번화가로 가서
박하사탕을 사 오던 어린 날의 추억

걸쭉한 팥죽의 깊은 맛 속에는
외할머니의 사랑이 스며 있다

94세를 일기로
1997년 이승을 떠나셨지만
그 따스한 추억은
오늘도 내 마음 한켠을 밝혀준다

겨울바람이 차가운 날이면
외할머니가 끓여주셨던 팥죽이
문득 그리워진다
할머니의 큰 사랑이 내 아에서
여전히 따뜻하게 끓고 있다

박하사탕

기분 좋게 깡충깡충 뛰며
노래를 부르던 길
손에 든 박하사탕은
외증조할머니를 위한 것이었다

화롯불 위에 따뜻하게 덥혀놓은 고구마
아랫목에서 기다리시던
외증조할머니의 미소
박하사탕을 드실 때마다
기침이 멈추던 그 순간이
왜 그리 따뜻하게 기억나는지

그 시절 단것이라곤
박하사탕이나 엿, 조청이 전부였던 때
그 작은 사탕은
우리 가족의 귀한 선물이었고
할머니의 기쁨이었다

여중 3학년 가을
점심까지 잘 드시고
천사처럼 이승을 떠나신
외증조할머니

그날의 해 질 녘 하늘처럼
고요히 남아 있는 기억
외증조할머니는 지금도
내 가슴 한켠에
따뜻한 추억으로 살아 계신다

나눔 DNA

백양사의 가을 풍경을 바라보다가
문득, 할아버지가 그리워
그곳으로 달려가고 싶어졌다

부유하면서도 부지런하셨던 할아버지
어려운 이웃에게 쌀을 가마니째 나누어주고
동네 아이들에게 야학을 열어주셨다

백양사 비자림에서 거둔 열매를
스님이 가져오시면
구충제로 나누어주시던 그 손길이
지금도 눈앞에 선하다

할아버지의 사랑방은 언제나 손님으로 가득했고
앞마당 화단엔
봄이면 모란과 작약, 달리아가 피어나고
가을이면 국화꽃이 은은하게 향기를 뿜었다

선산에는 소나무, 감나무, 밤나무를 심으며
산림을 가꾸셨던 분
1973년 동아일보에 실린
산림녹화사업의 선구자 조동규
엄격하셨지만 따뜻하셨고
겸손하면서도 덕을 베푸셨던 그 삶

나는
할아버지의 나눔의 DNA를 가장 많이 닮았음을
늘 자부하며 살아간다

장례식 동안 끊이지 않았던 문상객들
꽃상여를 메고 흐르던 구슬픈 가락
끝없이 이어진 만장 행렬 속에서
할아버지의 선행과 인품이
얼마나 많은 사람들에게 빛이 되었는지 깨달았다

그리고 지금도
내 마음속에 살아 계신다
따뜻한 미소로
한 걸음 옆에서 나를 지켜보시는 듯하다

5부

꿈 그리고 평화

무늬만 부부

조정을 하다 보면
인생이 한 편의 소설처럼 펼쳐진다
짧은 서사 속에 담긴
긴 세월의 상처와 한숨들

그날도 그랬다
원고석엔 남편과 대리인
피고석엔 혼자 기가 죽은 아내
갑작스러운 이혼 청구에
어찌할 바 몰라
그저 눈물만 삼키는 사람

일류대 졸업, 대기업 입사
사랑해서 결혼했고
남편은 성공을 거두었다
퇴직금과 저축한 돈으로
벤처기업을 창업하고

이백억대 자산가가 되었지만
그와 함께 깊어진 것은
사랑이 아니라 거리였다

각방을 쓰고
전화기 너머로 속삭이는 타인의 목소리
한 지붕 아래 두 개의 그림자가
십 년을 견뎌온 시간

그러나 아내는 믿었다
언젠가는 끝이 날 거라고
자녀들에게 불안을 주지 않으려고
말하지 않고 참아내며
기다렸다

그러나 돌아온 것은
청천벽력 같은 이혼 청구서

겉으로 드러난 재산만 이백억
그러나 그녀에게 돌아갈 것은
전세 보증금과 위자료 포함 팔억뿐
특유재산이라며
더는 나눌 수 없다는 남편과
그를 부추기는 변호사

그녀는 아무 말도 하지 못했다
숨을 삼키며 눈물만 흘렸다
법정 안의 시간은
그녀의 아픔을 헤아리지 못하고
차갑게 흘러갔다

나는 제한된 두 시간 안에
조정할 수 없었다
재판장도 결국 선언했다
"조정 불성립, 재판 진행"

그렇게 사건은 끝났지만
그녀의 상처는 아물었을까
믿었던 사람에게 버림받은 마음은
공정한 판결로 치유될 수 있을까

몇 년이 흘러도
이 사건은 내 기억 속에 남아
한 줄의 안타까운 여운으로
떠오르곤 한다

어떤 아버지
— 가사 조정

장맛비가 퍼붓던 날
내 마음까지도 흠뻑 젖었다

조정실
원고석엔 대리인만 출석했고
피고석엔 젊은 남녀가
고개를 숙인 채 앉아 있었다

법정에 흐르는 침묵 속
딸의 울음이 터져 나왔다
"단 일 원도 줄 수 없습니다"
그 말에 담긴 한恨
그녀의 삶을 깊이 새긴다

아버지라 불리는 남자는
그들이 다섯 살, 세 살 때
가족을 버리고

살던 집까지 팔아
상간녀와 함께
야간도주하듯 미국으로 떠났다

어린 남매는
셋방을 전전하며 살아야 했고
엄마는 생계를 위해
밤낮없이 일했다
그렇게 자란 아이들은
스스로의 힘으로 세상에 나아갔다

그리고 어느 날
부양료를 청구하는 소송장이
그들에게 배달되었다

늙고 병든 채
맨몸으로 돌아온 남자

재산도, 은행 잔고도 없고
홀로 외로운 노인이 되어
법적 '아버지'라는 이름으로
아이들에게 손을 내민다

그러나 그 손은
너무 늦게, 너무 쉽게
뻗어 온 것이었다

법은 냉정했다
호적에 남아 있는 이름 하나로
부양의 의무는 남아 있었고
조정이 불성립되면
끝없는 소송이 이어질 터였다

잠시 숨을 고르고
그들에게 말했다

"부양료를 드린다 생각하지 말고
사회복지기관에 기부한다 생각하세요"

한 달에 삼십만 원씩
형제 둘이 합해 육십만 원
그것이 남자에게 건네질 마지막 정이었다

그들은 엄마의 고된 삶을 알기에
끝내 용서할 수 없었다
그럼에도
그렇게 살아온 남자의 마지막이
참으로 쓸쓸해 보였다

비가 내리던 그날
과거 가부장 사회의 그림자가
법정 한가운데에 드리워졌다

끝내 용서조차 구하지 못한 남자
부양료로 엮인 두 남매
이것이 과연 아버지와 자식의 인연인가

비는 멎었지만
쓸쓸함은 가슴 깊이 스며들었다

황혼 이혼

법원에서 온 이혼 소송 기록을 펼치며
원고와 피고의 삶을 읽는다
조정안을 메모한 뒤
조정실로 향하며 다짐한다
"오늘은 조금 더 따뜻하게
조금 더 공정하게"

조정실에 들어서
신분증을 확인하고
원고와 피고의 목소리에 귀를 기울인다
낱말마다 묻어나는
그들의 고통

"제발 분리해서 진행해 주세요"
마주 보기도 싫다는
원고의 절규 속엔
한이 서려 있고

피고는 원고를 향해
거친 말을 쏟아내며
인신공격을 멈추지 않는다
황혼 이혼의 갈등은
세월보다 더 깊어 보인다

피고의 폭력을 평생 견디며 살아온
원고의 삶
자식들마저 등을 돌린
피고의 외로운 현실

내일 죽더라도 이혼은 해야 한다는 원고와
절대 이혼만은 할 수 없다는 피고
두 사람의 얽힌 이야기는
어느 한쪽도 풀기 어렵다

재판장은 결국
"이혼 조정 불성립"을 선언하고
재판으로 넘긴다
조정실을 나서는 두 사람의 뒷모습은
더 이상 말할 힘조차 없는 듯
무겁고 애처롭다

오늘도
조정의 이름 아래
풀지 못한 매듭 하나를 남긴다
하지만 나는 믿고 싶다
그들에게도 언젠가는
조금 더 평화로운 내일이
찾아올 것임을

조정 성립
— 가사 조정

꽉 찬 분노를 주체하지 못한 채
청구인은 혼자 법정에 섰다
상대는 보이지 않고
대리인만 냉랭한 얼굴로 앉아 있었다

같은 고향
초등학교 동창회에서 피어난 사랑
그러나 부모의 반대로 끝내 이루지 못했던 인연
헤어진 뒤에도 그녀는
그의 아이를 품고 살아야 했다

그는 총각으로 결혼했고
대기업에 다니며
강남 아파트에서 두 아들과 잘 살고 있었다
그녀는 세상의 편견 속에서도
딸을 지키며 홀로 버텼다

그러나 딸이 자라며 묻기 시작했다
"엄마, 내 아버지는 누구야?"
숨길 수 없던 비밀
전하고 싶지 않았던 이름
결국 딸은 아버지를 찾았지만
그의 대답은 단 하나
"나는 상관없다"

결혼식 날만이라도 와달라는 딸의 부탁에
그는 문을 닫았다
돈을 바라서 찾아온 것처럼
단 한 번도 존재하지 않았던 사람처럼

그날의 상처는
가슴에 검은 그림자로 남았다
그러나 그녀는 딸을 위해
분노를 덮고

그저 행복을 빌었다

그러던 어느 날
TV에서 본 한마디
"과거 양육비 이행청구권이 보장됩니다"
그녀는 변호사를 찾았고
친자 확인 소송과 함께 과거 양육비를 청구했다

몇 번의 조정
몇 번의 거절
법정의 공기는 차가웠지만
그녀의 삶은 뜨거웠다

조정이 불가능할 것 같던 순간
조정위원의 말 한마디가
그녀의 마음을 흔들었다

"진정한 승리는 분노가 아닌
마음의 평화에서 옵니다"

그녀는 흐느끼며 내 품에 안겨 말했다
"대법까지 가서라도 그에게 고통을 주고 싶었어요
하지만 이제 끝내겠습니다"

법정을 나서며
그녀는 인사했다
그 모습이 아직도
내 기억 속에 먹먹하게 남아 있다

그녀는 지금
행복할까?

나는 문득
그녀의 안녕을 기도한다

새벽은 온다

먹구름이 하늘을 덮어도
태양은 여전히 그 위에 있다
어둠이 길어도
새벽은 반드시 온다

폭풍이 몰아칠수록
뿌리는 더 깊이 박히고
절망이 드리울수록
희망은 더 밝게 빛난다

대한민국
흔들릴지언정 쓰러지지 않는 땅
우리는 위기를 기회로 바꾸는
불꽃같은 민족이다

눈을 들어 보라
먹구름을 지나면

우리가 지켜야 할
밝은 미래가 기다리고 있다

따뜻한 성탄절

가족과 함께
따뜻한 성탄을 맞이할 수 있음이
얼마나 큰 축복인가

하지만
지금 이 순간에도
차가운 최전방에서
국방의 의무를 다하는
그대들이 있기에
우리는 평화를 노래한다

군복 속으로 스며드는
매서운 바람에도
그대들의 가슴엔
조국을 지키는 뜨거운 피가 흐르고
멀리 두고 온 가족들의
기도가 숨결처럼 함께하리

아들을 군에 보낸 어머니의 마음
가정을 지키며 남편을 기다리는 아내의 마음
그리움으로 가득 찬
수많은 군인의 가족들이
오늘도 그대를 위해 기도한다

그대들이 있어
우리는 평화로운 성탄을 맞이합니다
그대들이 있어
이 나라의 겨울은 따뜻합니다

꿈 그리고 평화

아직도 나는
소녀처럼 꿈을 꾼다

서울역에서 기차를 타고
저 먼 유럽의 거리를
두 눈 가득 담으며
설레는 여행을 하는 꿈

그러나
이 아름다운 꿈이
현실이 되려면
우리가 먼저 지켜야 할 것이 있다

금수강산 대한민국
푸른 하늘 아래
누구도 흔들 수 없는
평화가 보장된 땅

그 평화가 있기에
우리는 자유를 노래하고
마음껏 꿈꿀 수 있다

우리의 아이들이
전쟁이 아닌 희망을 배울 수 있도록
이 땅의 평화를
더욱 소중히 가꾸고 지켜야 한다

속초시립박물관에서

속초시립박물관
그곳엔 실향민문화촌이 있다
이북 5도의 가옥
6.25전쟁의 피난민들이 남긴
초가집과 기와집
그 안에 스며든
한 많은 피난살이의 숨결이
오늘도 고요히 깃들어 있다

하꼬방이라 불리던 가옥 안엔
낡은 그릇과 옷가지들이
그들의 애환을 소환하며
살아내야 했던 그 시절의
고단한 삶을 전한다

속초 바닷가에는
함경도 아바이마을이 있다
갯배를 타고 건너면

생선구이 골목길이 이어지고
함경도 말씨의 할아버지와 할머니들이
타향살이에 물든 눈빛으로
어느덧 지나간 세월을 말해준다

한평생 고향을 그리며
통일의 날을 기다리던
실향민 1세대들
그들이 하나둘 세상을 떠나는 지금
세계 유일의 분단국가
이 땅에서 통일이란 말이
더 이상 꿈이 아니기를

통일이여, 어서 오시라
저 바다를 넘어
이 땅을 가로지르며
모두의 그리움을 품고
우리의 삶에 닿으시라

평화통일을 위한 기도

동이 터오는 아침
오늘도 해가 밝아옵니다

지금 이 순간에도
세계 곳곳에서는 크고 작은
분쟁과 전쟁의 불씨가 적대와 증오의
그림자를 드리우며 평화를 위협합니다

한반도의 냉전 또한
끊이지 않는 긴장 속에 팔십 년 동안
이어져 세계 유일의 분단국이라는
아픈 이름을 안고 있습니다

6.25전쟁의 상처는 아직도 깊어
유가족들의 아픔은
세월 속에서도 아물지 않았고
실향민들의 그리움은

나날이 깊어만 갑니다

그러나 전쟁의 폐허 속에서도
번영의 기적을 이룬 대한민국은
국민들의 위대한 저력으로
세계 속에 우뚝 서고
한류의 물결은
문화와 언어로
전 세계의 가슴을 울립니다

이제 우리는 다시 한번
자랑스러운 대한민국의 힘을 모아
절망을 희망으로
불신을 믿음으로 바꾸며
밝고 희망이 넘치는
새로운 미래를 꿈꾸어 봅니다

갈등과 반목의 정치인들에게
타협과 용서를 허락하시고
위기를 기회로 만드는 지혜와
남과 북이 하나 될 용기를 주소서

이 땅에 평화가 깃들어
남과 북이 손을 맞잡고
통일의 노래를 부르며
하나 된 대한민국이
새로운 빛으로
세계에 우뚝 서게 하소서

그날을 위하여

강화대교를 건넙니다
민통선 초소 앞에
작은 통행증 한 장,
그 종이 한 장이
분단의 현실을 말해줍니다

전망대에 서면
불과 1.8킬로 너머,
개풍군이 눈에 들어옵니다
손에 닿을 듯 가까우나
넘을 수 없는
시간의 벽이 서 있습니다

대남방송이 울려 퍼지고
풍선이 떠다니는 하늘
이 땅은 아직
전쟁이

끝나지 않았습니다

우리는 묻습니다
언제까지
이 분단의 허리 위에서
살아야 하느냐고

민통선마다
봄빛의 씨앗을 심고
삼팔선마다
희망의 등불을 밝힙니다

그날
남과 북이 서로를 껴안고
눈물 대신 웃음으로
역사를 마주하길
소망합니다

분단의 상처 위로
평화의 바람이 불어
이 땅 전체를
따스하게 감싸기를

그날이
우리 모두의 그날이
하루라도
빨리 오기를

오늘도
간절히
꿈꿔봅니다

강화풍물시장

강화풍물시장 오일장에서
할머니들의 좌판에 놓인
깐 알밤과 생대추 한 바구니를 사며

문득 외할머니 생각에 코끝이 시려
고구마순, 양파, 늙은호박, 콩, 호박잎,
말린 가지와 애호박도 샀다

귀경길에 깐 알밤 먹으며 나는 생각했지
여름이 없었다면 밤도 대추도 없었을 거야
그래서 이 가을과 지난여름이
모두 축복이라는 것을

가을은 떠나간 사람, 멀리 있는 사람이
더욱 그리워지는 시간이지
그래서 시인 서정주가 노래했나 봐
눈이 부시게 푸르른 날은

그리운 사람을 그리워하자고

지나간 모든 것들은 그립고 그리운 추억으로
내 가슴 한켠 비밀 창고에 저장해 두고
감성이 메마를 때 조금씩 꺼내 써야겠다

강화 볼음도

해군기지가 자리한
군사보호구역
청정한 생태마을 볼음도

그곳엔 6.25 참전 용사
국가유공자 전석환 선생님이 계신다
황해도 용매도를 고향으로 둔
그는 바다 건너 고향을 그리며
통일을 염원하는 노래를 만든다

작사와 작곡으로 엮은 가락 속엔
그리움이 흐르고
노랫말마다 담긴 희망은
남과 북이 하나 되길 바라는
간절한 염원이 된다

싱어송라이터 1세대의 길을 걸었지만

전쟁의 참혹한 기억은
총성 사이에 쓰러져 간 전우들의 모습으로
평생 트라우마가 되어
그의 가슴을 무겁게 짓누른다

그는 말한다
"내 생전의 소원은 단 하나
다시는 전쟁이 없는 세상
남과 북이 손을 맞잡고
평화 속에 하나가 되는 날"

바다 건너 바라보는 고향의 섬
그리움으로 물든 눈빛이
오늘도 평화를 노래한다

양수리 강변에 서면

북한강과 남한강
하나의 숨결로 흐르는 양수리
강물의 속삭임 속에
평화를 듣는다

철책의 그림자 대신
햇살이 광장을 채우는 날
남과 북이 손잡고
고향의 길을 걸으리

통일이여,
강처럼 맑고 거침없이 흘러
이 땅의 상처를 씻고
우리 가슴마다
희망의 꽃 피어나길

| 해설 |

희망하며 살아온 삶의 불꽃

허형만 시인·목포대 명예교수

1.

2012년 《문학과현실》로 등단한 조순태 시인. 가슴에 묻어둔 문학소녀의 꿈도 늦게 이루어졌지만, 그 꿈이 이루어지고서도 첫 시집을 출간하기 또한 무려 13년 만이다. 조순태 시인은 한국여성단체협의회 부회장과 서울가정법원 조정위원협의회 회장, 한국청소년쉼터협의회 이사장, 한국양성평등교육진흥원 초빙교수 등을 역임했으며 현재는 서울가정법원 가사조정위원, 한국여성단체협의회 감사, 국제여성총연맹 한국본회 회장을 맡고 있다.

이렇게 매 순간순간 최선을 다한 삶이지만, 돌이켜 보면 "어린 시절" "판사가 되거나/ 인권 변호사가 되길 꿈꿨고//

불혹의 나이엔/ 정권 교체를 이루고/ 사회적 약자를 위해/ 입법할 수 있는 국회의원을/ 꿈꾸었다"(「꿈」). 이처럼 언제 시를 쓸까 싶을 만큼 바쁜 삶을 살아오면서도 "사람들의 마음을 치유하고/ 보듬어줄 수 있는/ 가슴 따뜻한 한 편의 시를/ 이 땅에 남"겨 "세상을 떠날 때"는 "시인으로 기억되길" 바랐다. 그 일념으로 창작에 매진하는 열정과 자신의 존재 의미를 확인함에 게을리하지 않아 1백여 편의 시를 썼고 그중 69편이 이번 첫 시집에 수록되었다.

조순태 시인은 말한다. "하찮은 나에게 많은 것을 허락해주신 주님"(「기도」)께 감사드린다고. 그런 하느님처럼 자신 또한 "세상의 지치고 힘든 이웃의 진정한 벗이 되고 싶"다고. 이처럼 한 생애를 희망이 없어도 희망하며 살아온 조순태 시인의 삶의 불꽃은 생의 존재 의식과 생명성, 자아 성찰, 어머니를 비롯한 가족의 소중한 사랑, 분단의 아픔과 통일 염원으로 우리의 가슴에 타오른다. 이는 미국의 철학자 드레이퍼스의 말처럼 '몰입적 지향성'의 결과로 보인다.

2.

시인이 존재를 인식하고 자아를 성찰하는 힘은 시적 사유에 의해서 이루어진다. 시는 인간의 가장 심층적인 부분을 겨냥하면서 초합리적 세계의 존재를 암시하는 데 그 사명이 있다는 마르셀 레몽의 말에 우리가 동의한다면, 조순태 시인의 시에서 그 사명을 읽어낼 수 있을 것이다. 그만큼 시인의 시정신이 불타오르기 때문이다. 하이데거는 "세계는 언제나 정신적 세계"라고 선언했다. 그렇다면 그 정신이란 무엇인가? 하이데거는 명료하게 답한다. "정신은 불, 불꽃, 불타오르기, 연소다"라고.

어느새 깊어진 가을
곱게 물들어 무르익어 가는 계절이다
수확의 기쁨으로 가득한 들판에 서서
하늘을 보라
얼마나 아름답고 신비로운가

하늘이 높푸른 이 가을에
나는 어떤 결실을 맺고 있는지
나는 올해도 열심히 살아가고 있는지
나 자신에게 묻는다

세상 속에서 정의롭고 정직하게
아름다운 삶을 살았는지

누군가에게 단 한 번이라도
희망이 되어주었는지
뜨겁게 사랑하고 나누었는지
하늘에게 묻는다

아, 세상이 눈물겨운 이 가을에
나는 나의 영혼의 불꽃이
저 단풍처럼 곱게 타오르길 기도한다
—「세상이 눈물겨운 이 가을에」 전문

아름답고 신비로운 가을 하늘. 태초의 가을 하늘이 이랬으리라. 조순태 시인의 가을 하늘에 대한 이 경탄에 동참하면서 경탄이 없는 삶은 살 가치가 없다는 랍비 아브라함 헤셸의 말을 떠올린다. 그렇다고 시인이 눈물겨운 가을 하늘을 경탄만 하는 게 아니다. 결실의 계절인 가을 앞에서 "나는 어떤 결실을 맺고 있는지/ 나는 올해도 열심히 살아가고 있는지" 자신에게 묻는다. 즉, 자신이 살아온 삶을 성찰하고 있는 것이다. 노년의 영적 성숙에 대한 글을 전하는 프랭크 커닝햄은 저서『나이 듦의 품격』에서 "나이가 든다는 것은 살아온 기억들을 되돌아보고, 그것의 의미를 찾는 것이요, 그 기억들을 있는 그대로 받아들이고 기억에 예를 갖추는 것"이라고 말한다. 자신을 향해 '내가 지금 열심히 살아가고 있는 거 맞니?' 하고 묻는 것은 곧 자기 자신을 이끌어 온 중심 주체가 자신이란 걸 객관적으로 인정하고 있음을 의미한다.

  조순태 시인은 자기 자신에게 묻는 데서 그치지 않고 더 나아가 하늘에게도 "세상 속에서 정의롭고 정직하게/ 아름다운 삶을 살았는지/ 누군가에게 단 한 번이라도/ 희망이 되어주었는지/ 뜨겁게 사랑하고 나누었는지"를 묻는다. 이 물음은 자신의 실존의 의미와 가치에 대한 비판적인 성찰로 자아 성취를 위한 영성적 통찰력의 결과이다. 그 결과, 마침내 "나의 영혼의 불꽃"과 마주한다. 하이데거가 말한 '정신'인 셈이다. 조순태 시인의 이 정신(시정신이든 삶의 정신이든)은 예술의전당 소극장에서 박정자 선생님의 일인극을 보고 나서 "대한민국 대표 연극인의/ 불꽃같은 열정/ 흔들리지 않는 프로 정신"(「오늘, 다시 옷깃을 여미며」)에 자신의 삶을 비추어 보는 것과도 다르지 않다.

  세월의 강을 건너며
  품위 있게 익어간다

  미움은 바람에 날려 보내고

관대함으로 허물을 덮으며
마음 깊이 용서를 심는다

하루하루 욕망을 비우고
덜어낼 것은 덜어내며
허허롭게 웃는 법을 배운다

행복은 먼 곳에 있는 것이 아니라
순간마다 스미는 햇살을
따뜻하게 끌어안는 것이다

그 길 위에서
시간이 피워낸 꽃 한 송이
조용히 지친 그대 손에 건넨다
－「조용한 꽃길」전문

　조순태 시인은 "세월의 강을 건너며/ 품위 있게 익어"가고 있는 현재의 자신을 성찰한다. 다시 말해 자신의 삶이 단순히 늙어가고 있는 게 아니라 품위 있게 익어가고 있다는 인식이다. 시인은 노년의 길에서 무엇보다 삶의 성찰과 품위 있는 행동을 가슴에 새긴다. 그러기 위해서는 "미움은 바람에 날려 보내고/ 관대함으로 허물을 덮으며/ 마음 깊이 용서를 심"어야 함을 스스로에게 다짐한다. 나아가 "하루하루 욕망을 비우고/ 덜어낼 것은 덜어내며/ 허허롭게 웃는 법을 배"우는 것도 소중하다. 그리하여 "행복은 먼 곳에 있는 것이 아니라/ 순간마다 스미는 햇살을/ 따뜻하게 끌어안는 것"이라는 깨달음에 도달한다.

이 깨달음은 "살아보니/ 아무것도 아닌 일 많더라"(「조금 느슨하게 살아도」)는 점, 그리고 삶을 살아오면서 세상이 내 것인 줄, 불가능은 절대 없는 줄, 세상에서 내가 가장 빛나는 별인 줄 알았던 이 모든 것들을 이제 와 돌이켜 보니 "세상에 나보다 못난 사람은 없고/ 모두가 나를 비추는 스승임을/ 겸손 속에서 배운다"(「한때의 나」)는 내면의 성찰로 이루어진다. 또한 그동안 "나를 아프게 한 이들도/ 나를 빛나게 한 이들도/ 결국은 모두/ 내 삶의 일부였음을 깨닫는"(「용서」) 시인은 "산다는 것은:/ 비바람과 천둥/ 눈보라와 번개 속에서도/ 내 안의 온기로/ 흔들리지 않고 버티는 일"(「겨울나무」)이기에 "오늘도 우리는/ 서로의 상처를 보듬으며/ 사랑으로 다시 살아가는/ 기적을 만들어간다"(「사랑」)는 뜨거운 불꽃 같은 연금술을 보여준다.

3.

시인의 시 쓰기는 사색이 바탕이 된다. "시란 언어로 존재를 건설함을 말한다"라고 한 하이데거의 말도 사색이 본바탕이다. 이 사색은 존재의 집인 언어를 구축하는 가장 기본이 된다. "인간의 사색은 존재가 언어가 되는 터전을 제공하는 일이다. 언어가 되는 존재의 집이란 이런 일을 바꾸어 말하는 것이다. 사색하는 자와 시를 쓰는 자는 언어가 거처하는 숙소의 지킴이다." 이 말은 하이데거가 한 말이다. 하이데거의 말대로 조순태 시인의 사색은 삶을 성찰하는 핵심을 이루는 존재의 집인 언어가 거처하는 숙소의 지킴이 역할을 훌륭히 하고 있다.

가끔은
내가 나에게 꽃을 선물한다

위로가 필요한 날
사무치는 그리움에
눈물이 고일 때
엄마가 부르던
옛 노래를 흥얼이고 싶을 때

지친 마음을 안아주듯

　　꽃잎을 쓰다듬으며

　　토닥토닥

　　엄마의 손길을 떠올린다

　　오늘도

　　감사한 하루였다고

　　나 자신에게 속삭이며

　　다시 힘을 내어

　　비상을 꿈꾼다

　　 −「꽃 선물」전문

"위로가 필요한 날", 나에게 꽃을 선물한다. "사무치는 그리움에/ 눈물이 고일 때", 나에게 꽃을 선물한다. "엄마가 부르던/ 옛 노래를 흥얼이고 싶을 때"에도 나에게 꽃을 선물한다. "내가 나에게 꽃을 선물한다"는 것은 내가 나를 사랑하는 행위이다. 내가 나를 사랑하는 행위는 "지친 마음을 안아주"는 위로의 행위이며, "토닥토닥/ 엄마의 손길을 떠올"리는 안식과 평화의 행위이다. 그렇기에 꽃을 선물한다는 것은 "다시 힘을 내어/ 비상을 꿈"꾸게 하는 원동력에 다름 아니다. 이는 다시 하이데거의 말로 하자면 "시와 사색의 원초적인 혈연성"을 이룬다.

조순태 시인이 위의 시 「꽃 선물」에서 "위로가 필요한 날" 나에게 꽃을 선물한다고 한 것은 "세상을 살다 보면/ 본의 아니게 오해를 받고/ 상처를 입을 때가 있다"(「고운 꽃 한 송이」)라는 고백과 상통한다. 이럴 때 시인은 누군가에게 기대어 위로받고 싶어질 터. 그러나 여의치 못하면 글을 쓰거나 음악을 듣거나 드라이브하면서 자신을 위로하는 방법도 택했을 터. 이 얼마나 순수한 자신에 대한 사색의 증거인가. 이 사색은 곧 자신을 향한 성찰의 힘으로 존재한다. 눈 오는 날, "모든 상처, 모든 흔적/ 어지러운 기억들까지/ 눈 속에 묻어버리고/ 새하얀 첫눈처럼/ 다시 태어나고 싶"(「눈 오는 날」)어 하거나, "내 이웃이 억울하거나 큰 슬픔에 잠겨 있을 때/ 허물없이 찾아와 가슴을 열고 함께할 수 있는/ 하느님의 자녀가 되고 싶"(「기도」)어 하는 이 절실함은 얼마나 가슴 저미는가.

내게 잊을 수 없는 사랑과
행복을 준 이도 있었고
때로는 깊은 상처를 남긴
미운 사람도 있었다

받은 사랑은
내 영혼에 새겨져
고맙고 감사한 마음으로
은혜를 잊지 않겠노라 다짐하고

상처로 멍든 말들은
이제 가슴 한켠에 묻어두리라

살아 있는 날까지
삶의 감개무량함을 느끼며
기쁨 속에 머물기를

나를 아프게 한 이들도
나를 빛나게 한 이들도
결국은 모두
내 삶의 일부였음을 깨닫는다

오늘도 용서와 감사 속에서
내 마음의 평화를 찾아간다
 −「용서」전문

내면적 명상의 세계에 침거하면서 '생의 황량함'을 '언어의 찬란함'으로 변모시킨 독특한 서정 시인으로 우리는 조지프 브로드스키를 기억한다. 조순태 시인 역시 자신만의 사색의 울타리 안에서 자신의 삶을 살피면서 언어가 갖는 언어로서의 존재 가치를 살려내고 있다. 우리가 한 생을 살아가면서 만나는 사람은 크게 두 부류이다. 하나는 "내게 잊을 수 없는 사랑과/ 행복을 준 이", 또 하나는 "깊은 상처를 남긴/ 미운 사람"이다. 조순태 시인은 전자의 경우, "받은 사랑은/ 내 영혼에 새겨져/ 고맙고 감사한 마음으로/ 은혜를 잊지 않겠노라 다짐"한다. 후자의 경우, "상처로 멍든 말들은/ 이제 가슴 한켠에 묻어"둘 것을 스스로에게 당부한다. 전자든 후자든 시인은 "결국은 모두/ 내 삶의 일부였음을 깨닫"고 "살아 있는 날까지/ 삶의 감개무량함을 느끼며/ 기쁨 속에 머물"고자 다짐한다. 이 다짐은 곧 사색과 성찰의 최선의 결과치이다.

그렇다. 조순태 시인은 "봄꽃처럼 피어나/ 희망의 길을 놓는다면/ 나는 돌멩이라도 좋"(「디딤돌」)다고 말한다. 좋다고 하는 말은 그 내면에 "봄꽃"과 "돌멩이"의 상충적 이미지가 뿜어내는 "희망의 길"이 살아 있게 하는 힘이 있다. 이 힘은 마침내 "나를 만나 그대가 행복해질 수 있다면", "내가 있어 그대에게 위로가 되고/ 기쁨이 된다면/ 참 좋겠"(「행복한 동행」)다는 희망으로 승화된다. 이러한 희망의 근원은 "나는 스스로를 정리하며/ 가볍게 떠날 준비를 해야 한다", "하루하루를 마지막 날처럼/ 살아야겠다"(「정리하다」)는 성찰에 있다. 이러한 성찰이 있기에 조순태 시인은 매사의 삶 속에서 희망을 품고 살아간다.

4.

조순태 시인의 시에는 가족 이야기가 제법 많다. 어머니, 아버지, 남편, 아들, 딸, 손자, 할아버지, 외증조할머니에 이르기까지 다양하다. 그중 어머니에 관한 추억이 제일 많은 걸 보면 어머니로부터 받은 사랑이 얼마나 깊은지, 선종善終하신 후에도 그리움이 얼마나 절실한지를 잘 알 수 있다.

생각이 많아서일까
오늘따라 창가에 기대어
흐르는 바람을 바라본다

유난히 스며드는 바람
귓가에 머물다 사라지는 목소리

눈물처럼 맺히는 기억들

어머니,
당신이 남긴 따뜻한 손길은
내 가슴속에서
한 송이 꽃으로 피어난다

바람이 불면
그 꽃잎이 흔들리고
나는 다시금
당신을 그리워한다
 -「그리움은 바람이 되어」전문

 이탈리아 현대 철학자 율리우스 에볼라는 어머니에 대해 "지상을 표상하는 어머니는 물, 바위, 동굴, 모성으로서의 고향, 밤, 깊이를 간직한 집, 지혜나 힘의 집을 상징한다"라고 말했다. 또한 융에 의하면 어머니는 존재의 황홀한 차원, 생명수의 근원을 상징한다. 조순태 시인의 경우 어머니는 "창가에 기대어/ 흐르는 바람을 바라"보면서 살아생전 어머니에 대한 "목소리"와 "기억들"을 떠올리는 존재로 자리한다. 바람은 곧 "어머니의 목소리"(「그리움」)로 치환되면서 어머니가 남긴 "따뜻한 손길"을 떠올리고, 시인의 "가슴속에서/ 한 송이 꽃으로 피어난다". "바람이 불면" 피어난 "꽃잎이 흔들리고", 그때마다 어머니를 "그리워한다". 무의식적으로 떠오르는 어머니의 황홀한 존재 의식이 시인의 정신을 가득 채우고 있는 셈이다.

조순태 시인은 "2003년 7월 15일" "이 세상을 떠나/ 하늘이 되"신 어머니를 떠올리며 "시간이 흘러도/ 명치끝이 시리도록/ 그립"(「그리움, 하늘이 되는 날」)다고 고백한다. 그리고 그토록 그리운 어머니가 돌아가시던 날 "병원 담벼락에/ 흐드러지게 피어 있던/ 능소화도 함께 울었다"(「능소화」)고 회상한다. 어머니의 삶은 "6.25전쟁으로 남편을 잃고/ 당신이 원치 않던 방향으로/ 한평생 살았"(「어머니, 그 기억의 창을 열며」)던 외로운 삶이었다. 이러한 어머니는 들꽃, 들국화, 민들레로 표현될 만큼 힘들면서도 강인하셨고, "생의 마지막 이십 년"에는 "천주교 독실한 신자로/ 레지오 활동과 매일 미사로/ 하느님과 동행하셨"(「나의 어머니」)다. 이처럼 가족 중에서 어머니에 대한 그리움이 시인의 가슴속에 깊이 자리하고 있다. 물론 아버지, 남편, 아들과 딸, 외손녀, 할아버지, 외할머니 등 다른 가족에 대한 사랑과 그리움도 있다.

달라도 너무 다른 우리
숨이 막혀 못 살겠다며
벗어나고 싶었던 나를
말없이 참고 기다려준 사람

두 아이의 엄마가 되어
스스로 체념하고
모든 것을 참고 견디며
살아야겠다고 다짐하던 그날들

때로는 웃음꽃이 피어 행복했고
때로는 삶이 버겁고
눈물겨웠던 날도 있었지만
우리는 용케도 이 자리에
함께 서 있구나

지지고 볶으며 버틴 세월
반세기라는 긴 강을 건너며
서로를 연민의 눈빛으로 바라본다

고맙다, 정말 감사하다고

말을 건네며 눈시울이 뜨거워진다

빈 둥지에 남은 우리 둘
마지막 배웅을 함께할 사람
살아 있는 그날까지
서로에게 힘이 되고
따스한 위로가 되자고
말없이 손을 맞잡는다

우리의 남은 날은
얼마나 길지 몰라도
남은 시간 속에서
서로를 더 사랑하며
끝까지 함께 걸어가자
 -「함께 걸어온 그대」전문

 남편에게 전하는 시다. 아들딸 모두 출가하고 "빈 둥지에 남은 우리 둘", 이제 "마지막 배웅을 함께할 사람"은 남편이다. 돌이켜 생각해 보면 남편은 "달라도 너무 다른 우리/ 숨이 막혀 못 살겠다며/ 벗어나고 싶었던 나를/ 말없이 참고 기다려준 사람"이었다. "때로는 삶이 버겁고/ 눈물겨웠던 날"과 "지지고 볶으며 버틴 세월"이었지만 "반세기라는 긴 강을 건너며/ 서로를 연민의 눈빛으로 바라"보는 지금, 시인은 남편에게 "고맙다, 정말 감사하다고/ 말을 건네며 눈시울이 뜨거워진다". "반세기"가 암시하듯 이 시는 결혼 50주년을 맞이해 쓴 작품으로 남편에게 "살아 있는 그날까지/ 서로에게 힘이 되고/ 따스한 위로가 되자고", "우리의 남은 날은/ 얼마나 길지 몰라도/ 남은 시간 속에서/ 서로를 더 사랑하며/ 끝까지 함께 걸어가자"고 다짐한다.

조순태 시인의 남편 사랑은 남편으로부터 선물 받은 책 한 권을 "감동에 젖어/ 밤새도록 읽"(「따뜻한 책」)고 도출해 낸 사색의 결과에서도 알 수 있다. 삶에서 중요한 것은 얼마나 오래 머물렀는가가 아니라 얼마나 깊이 살아냈는가라는 것이다. 또한 딸과 아들이 선물해 줘서 온 가족이 여행을 떠난 베트남 나트랑에서 "가족과 함께한 이 시간/ 힐링과 재충전의 소중한 순간에/ 감사를 전한다/ 이곳에서 우리는/ 마음 깊이 새겨지는/ 평화로운 행복을 느낀다"(「나트랑에서」)며 아들딸에게 어머니로서의 고마운 마음을 잊지 않는다. 그런가 하면 주말에 가족이 함께 묵은 인천의 하버파크 호텔에서도 "가족과 함께하는 시간 속에/ 행복은 천천히 채워지고/ 마음은 봄처럼 따뜻해진다"(「하버파크의 새벽」)고, 가족과의 행복감을 보여준다.